Perché la pubblicità fallisce e come farla funzionare

in pillole

I segreti del mitico

Dan S. Kennedy

INDICE

PREFAZIONE

Molte pubblicità falliscono

Spesso, non è colpa della pubblicità di per sé, ma delle aspettative irrealistiche o dell'utilizzo sbagliato che se ne fa. Non è neanche colpa del piccolo imprenditore, che credeva bastasse diventare esperto del suo settore (legge, ristrutturazioni, medicina, ristorazione...) e non un esperto di pubblicità.

Purtroppo, questa situazione rende molto vulnerabili i proprietari di un'attività, rendendoli delle "vittime della pubblicità".

In questo libro, esploreremo le diverse ragioni dei fallimenti della pubblicità in modo chiaro e diretto. Potrebbe essere una sfida difficile da accettare, ma anche un momento di grande illuminazione.

Perché dovresti ascoltarmi?

Primo, non ho nessuna agenda da realizzare. Sono andato in pensione come uno dei copywriter più pagati in America, fidelizzando oltre l'80% dei miei clienti. Questo libro non è uno spot per i miei servizi.

Secondo, ho una vita intera di esperienza sul campo, ho testimoniato la pazzia e la corruzione delle agenzie pubblicitarie e il modo in cui approfittano dello loro povere vittime. Ho aiutato tantissime piccole imprese a prendere questa materia nelle loro mani ed utilizzare la pubblicità per costruire grandi aziende, alcune addirittura fino ad arrivare al miliardo di dollari.

Terzo, ho sempre messo in pratica quello che insegno in questo libro ottenendo grandi risultati, non sono un accademico con tanta teoria e poca pratica.

Infine, te ne renderai conto tu stesso leggendo questo libro che queste teorie si basano sul buon senso. Ti presenterò delle verità che hai sempre sospettato, ma ti sentivi l'unico a pensarla così e quindi sei rimasto zitto. Il peggio è che, probabilmente, avrai speso soldi in pubblicità senza esserne convinto e senza vedere risultati.

In genere, se hai dubbi sulle regole e le consuetudini del tuo settore o sui consigli dei tuoi colleghi, dovresti fidarti del tuo istinto. Se pensi che ci sia un modo migliore di fare qualcosa o hai dei dubbi, cerca di capirne di più, sii più scettico.

I tuoi dubbi sulla pubblicità sono ciò che ti ha portato a leggere questo libro e vedrai che hai fatto bene!

CAPITOLO 1

Il topo che ruggisce finisce male

Questo sarà probabilmente il capitolo più irritante e spiacevole. D'altronde anche le perle nascono irritando le ostriche!

Nessuna pubblicità, non importa quanto intelligente o ben realizzata, può sopperire a un prodotto deludente o ad una esperienza frustrante.

Se "ruggisci" e attiri molti clienti che però ti mollano subito perché non sono soddisfatti, il costo di acquisizione dei nuovi clienti, combinato con la scarsa fidelizzazione, ti manderà in fallimento.

Per far sì che la tua pubblicità funzioni, devi essere in grado di fare affermazioni audaci, eccitanti, rassicuranti e fare in modo di rispettare le sempre le aspettative del cliente, se non addirittura superarle!

Devi essere sempre pronto: a che serve avere un numero di telefono sulla tua pubblicità se poi non risponde nessuno? A che serve portare le persone in ufficio se poi la loro prima esperienza sarà compilare un noioso e freddo questionario, magari in un ufficio sporco e confusionario?

Non dare mai per scontato che i clienti siano soddisfatti, sii sempre vigile. Preoccupati anche degli aspetti più insignificanti. Poi, cerca di creare dei messaggi pubblicitari il più possibile attraenti e coraggiosi e soddisfa le aspettative dei clienti.

CAPITOLO 2

Ciechi che seguono altri ciechi

Qualcuno ha una lucertola parlante, altri un uccello con cappello e occhiali da sole. Quasi quasi ti viene voglia di avere una mucca sui pattini che canta. Ma se ti dicessi che queste persone stanno facendo un gioco finanziario totalmente diverso dal tuo?

Peggio, se ti dicessi che non hanno nessun modo di misurare l'efficacia della loro bella pubblicità?

E se stessi semplicemente guardando una sfilata di matti alla quale non vuoi partecipare?

La verità è che siamo circondati da idioti e c'è la tendenza pericolosa di credere che quelli che spendono una fortuna in pubblicità sicuramente ne sanno più di te. Non è così.

Infatti, dopo aver letto il prossimo capitolo, ne saprai più tu di pubblicità efficace rispetto a qualsiasi CEO di multinazionali, laureato o piccolo imprenditore, inclusi i tuoi competitor.

Nel prossimo capitolo analizzeremo tutti i diversi tipi di pubblicità in base allo scopo che devono raggiungere.

Prima, però, è importante che tu capisca che quasi tutto ciò che vedi nella pubblicità del tuo settore non rappresenta la verità da seguire.

Serve creatività e coraggio per agire contro le norme comuni, quindi è inevitabile che quelle stesse norme vengano rafforzate dalla maggioranza. Dopotutto, maggioranza delle persone non sono né creative né coraggiose. Quindi, non farti guidare da tutto ciò che è la norma!

Il rischio mortale è la pressione dei colleghi nel tuo settore di conformarsi al modo in cui "deve" essere fatto. Tutti continuano a copiarsi e ad avere scarsi risultati, ma nessuno ha il coraggio di ammetterlo.

Prendiamo il caso del proprietario di un'azienda che produce cuscini: il modo in cui "deve" essere fatto significa solitamente fare partnership con venditori di materassi e accessori per la casa. Lo fanno tutti.

Poi c'è il modo poco ortodosso, quello che ti può rendere ricco bypassando tutti i canali di distribuzione. Potrebbe essere, ad esempio una pubblicità in TV dove il proprietario vende direttamente ai consumatori promettendo "il miglior sonno della tua vita, garantito".

CAPITOLO 3

Lo scopo della pubblicità

Immagino che a casa tu abbia una cassetta degli attrezzi con dentro, tra le altre cose, un martello e una torcia. Se salta la luce, la torcia può essere un attrezzo molto utile, il martello proprio no.

Stessa cosa con la pubblicità, per questo non funziona quando ti limiti a copiare cosa fanno gli altri, potrebbero avere degli scopi diversi dai tuoi e quindi potresti aver bisogno di un attrezzo diverso.

Le grandi compagnie, ad esempio, devono preoccuparsi di cosa penseranno gli azionisti e gli esperti di finanza. Il tuo scopo pubblicitario è totalmente diverso da loro (vendere!).

Quindi, è di vitale importanza capire esattamente cosa stai cercando di ottenere con la tua pubblicità e poi capire i diversi tipi di pubblicità, in modo da capire la differenza tra una torcia e un martello.

I 4 tipi di pubblicità

1. *Brand awareness*/Immagine;

2. Compra subito (Step singolo);

3. *Lead generation* (Multistep);

4. Ibrido.

1. Brand awareness/Immagine

Questo è ciò che vedi fare più comunemente, sia dalle grandi multinazionali che dalle piccole imprese che si limitano a copiare quello che fanno i grandi... presumendo che se tutti lo fanno, dev'essere giusto così.

In certi casi ha senso, ad esempio per un prodotto confezionato che deve fare colpo dallo scaffale in mezzo a tanti altri prodotti della concorrenza. Non avrai mai spazio sugli scaffali se i rivenditori non sono impressionati dalla tua pubblicità di brand e sarà molto difficile che i consumatori scelgano un determinato prodotto dallo scaffale senza *brand awareness*.

A parte casi specifici come questo, fare *brand awareness* richiede un costo troppo elevato e un tempo troppo lungo, prima di vedere qualche risultato.

Esiste un modo per creare *brand awareness* come sottoprodotto gratuito della pubblicità *direct response*, lo spiego nel mio libro "Costruire un brand col direct response". Si tratta della strategia di brand più utile per le piccole aziende.

Le agenzie adorano vendere *brand awareness* perché non permette di quantificarne l'efficacia e gonfia l'ego del cliente. Più ti parlano di immagine e di brand e più devi preoccuparti. Fallo solo se hai un motivo valido.

2. Compra subito (Step singolo)

Anche questo tipo di pubblicità è molto comune in tantissimi settori, è una specie di invito ad entrare nel negozio/ufficio per una vendita scontata o un appuntamento gratuito.

Questa modalità, con rare eccezioni, può attirare solo una piccola parte dell'audience che raggiunge, ovvero quelli pronti a comprare subito. Purtroppo, non offre nulla per tutti gli altri che vedono la pubblicità e vorrebbero saperne di più, ma non sono ancora pronti a comprare subito.

Un'alternativa potrebbe essere offrire più ragioni per rispondere e più modi per farlo, così, oltre a chi vuole comprare subito, ottieni anche lead interessati da educare ad un acquisto futuro.

Con questo approccio più sofisticato puoi far valere molto di più il tuo budget pubblicitario.

Ti faccio alcuni esempi per capire meglio:

1. <u>Per un consulente finanziario.</u> "Se non puoi partecipare al nostro seminario sul nuovo sistema di tassazione, lascia almeno che ti offra il mio report gratuito "Le nuove 7 trappole della tassazione che comprometteranno i tuoi risparmi". Telefona

al numero XXXXXX oppure vai su www.XXX.com. Se sei solo incerto sulla partecipazione al seminario, puoi guardare qui un video gratuito di 10 minuti per capire meglio di cosa si tratta.

2. <u>Per un negozio di mobili.</u> Se non puoi venire in negozio questo week-end, almeno permettici di inviarti gratuitamente il nostro nuovo libro illustrato "25 stanze trasformate con meno di 99€ al mese". Chiama al numero XXXXXX oppure vai su www.XXX.com. Una volta sul sito potrai vedere un video di 3 ristrutturazioni e potrai partecipare al concorso per vincere una cucina totalmente nuova!

Molti imprenditori hanno paura di diminuire l'efficacia della loro pubblicità disincentivando i clienti a comprare subito. Principalmente, questa paura è data dal fatto che non hanno in piedi un sistema di follow-up che segue i lead e li "tiene caldi" accompagnandoli all'acquisto futuro. Vedremo come fare nel capitolo 4.

Se proprio sei affezionato allo step singolo e non vuoi assolutamente cambiare strategia, fai almeno in modo che la tua offerta sia davvero irresistibile, audace e diversa dalle altre.

3. Lead generation (Multistep)

Questo tipo di pubblicità non cerca di attirare subito

clienti veri e propri. Il suo unico scopo è generare lead interessati, io la chiamo pubblicità *"info-first"*.

Non si tratta di offrire una brochure, ma informazioni rilevanti che diano un beneficio anche se non si decide di acquistare nulla in seguito.

Questo tipo di pubblicità può essere brandizzato oppure no. Un buon esempio di *lead generation* brandizzata è quella fatta da Fisher Investment: offre guide gratuite e report alle persone che stanno per andare in pensione e che possiedono almeno 500.000€ di patrimonio.

La *lead generation* senza brand spesso genera più *lead* con meno budget. Un esempio sono quelle pubblicità che creano curiosità, intrigano, spesso parlano di segreti e rivelazioni senza far capire chiaramente quale azienda c'è dietro. Attenzione: in alcuni settori questo tipo di approccio potrebbe essere vietato quindi è tua responsabilità verificarne la legalità.

Spesso le grandi aziende che fanno lead *generation* usano parallelamente entrambi i tipi: con e senza brand.

4. Ibrido

Combinare diversi tipi di pubblicità è possibile, ma è molto difficile da realizzare perché si rischia di confondere il cliente.

La *lead generation* spesso viene aggiunta

grossolanamente alla *brand awareness* e produce scarsi risultati.

Il *direct response* può convivere nella stessa pubblicità come spinta al brand, ma la priorità dev'essere la risposta immediata.

Riempire lo spazio con loghi e nomi a caratteri cubitali ruba la scena alla *call to action* e quindi ti devi chiedere cosa è più importante per te: essere ricordato in futuro o avere una risposta immediata?

Se vuoi che la tua pubblicità risponda a troppi scopi, sicuramente non riuscirai a soddisfarne nemmeno uno.

CAPITOLO 4

La pubblicità non vive su un'isola

Una delle ragioni principali del fallimento della pubblicità é che viene separata e isolata, mentre dovrebbe far parte di un sistema integrato per attirare nuovi clienti. Questo sistema deve collegare in modo fluido pubblicità, vendita e marketing e possibilmente portare un nuovo cliente a diventare un cliente abituale.

Eppure, spesso, in molte aziende questo sistema manca: i venditori vendono, la pubblicità è delegata alle agenzie e agli esperti di social media, mentre il marketing è spesso tralasciato o gestito da persone che hanno altre mansioni, ma dovrebbe essere un ponte tra pubblicità e vendita.

Se sei determinato ad organizzare questo sistema, ne trarrai enormi vantaggi, ma ti avverto: tutti quelli che adesso vivono su isole separate ti daranno contro.

I sistemi operativi sono una necessità, sono loro a portare avanti la tua azienda, le persone dovrebbero limitarsi a far funzionare questi sistemi.

Purtroppo, i sistemi di marketing non sono la norma nelle aziende comuni, ma lo sono sempre in quelle di successo piccole e grandi (e le piccole spesso diventano grandi grazie a questi).

La pubblicità dovrebbe servire a portare un potenziale cliente a fare il primo passo/acquisto, ad aprire "la prima porta".

La prima porta è l'espressione di interesse per il tuo prodotto o servizio.

La pubblicità può anche scoraggiare e scremare i clienti poco adatti come fa ad esempio Fisher Investment: "... se hai un patrimonio di almeno 500.000€".

Può anche qualificare un cliente potenziale attraverso una piccola transazione, ad esempio un libro gratuito ma con la spedizione a pagamento, oppure una piccola somma rimborsabile per garantire la presenza ad un determinato evento/appuntamento. Si tratta del cosiddetto *"tripwire"*. È una somma abbastanza bassa da non disincentivare chi è realmente interessato, ma sufficiente a repellere i perditempo.

Il *"content marketing"* non ha senso

Se non sei nel mondo dell'editoria o dell'intrattenimento NON sei nel business del *content marketing*, non farti fregare.

Devi concentrarti su contenuti che vendono.

Non puoi farti pubblicità con semplici contenuti, ma con messaggi di vendita camuffati da contenuti.

Questi "contenuti" devono essere pensati per creare autorità con un'audience ben precisa, in modo da avere il potere di "prescrivere una cura" invece che semplicemente vendere.

L'info-first è ben diverso dal *content marketing* perché l'informazione è solo sufficiente a portare il *prospect* a fare il secondo passo. Non sono interessato a statistiche di consumo del contenuto (like, visualizzazioni), ma solo a ciò che mi permette di misurare le conversioni, le entrate nel funnel e il comportamento all'interno del funnel.

Ci possono essere dei settori in cui il *content marketing* funziona bene, ad esempio nel caso di giocattoli e video games. Ad esempio il successo del film Frozen II ha fatto vendere tantissimi giocattoli alla Hasbro. Film, serie TV e cartoni animati possono fungere da pubblicità indiretta per giocattoli e parchi a tema (e viceversa).

L'importante è che non cadi nella trappola di credere che siccome tutti riempiono di contenuti blog, social media e YouTube devi farlo anche tu.

Da compratore a cliente

Molti imprenditori pensano che il primo acquisto sia già di per sé una vittoria, ma quelli più scaltri sanno che è solo l'inizio del processo di conversione.

Il marketing dovrebbe occuparsi di eliminare i dubbi post-acquisto e favorire la soddisfazione del cliente. Se per ottenere risultati è richiesto l'utilizzo del prodotto, allora attraverso i propri media bisogna motivare e assistere nell'utilizzo stesso.

È il caso del brand miliardario PROACTIV di Guthy Renker, del quale ho sviluppato personalmente pubblicità e marketing: i consumatori erano messi nella condizione di non restare mai senza prodotto attraverso il rinnovo mensile automatico dell'ordine ma, il controllo sulla cancellazione era basato sulla motivazione ad usare il prodotto ogni giorno per un periodo sufficiente di tempo a vedere i risultati.

Se ogni cliente esistente effettua più acquisti ripetuti, avrai bisogno di meno clienti nuovi, per questo è così importante focalizzarsi sull'aumento delle frequenza.

Poi, c'è il discorso del diverso valore del cliente che previene gli errori dovuti alla mera considerazione dei numeri immediati delle singole campagne pubblicitarie.

Supponiamo che, nel caso di un A/B test, la campagna (o il media) A fornisca più clienti di *front end* (acquisto singolo o primo acquisto) ma meno di *back end* (acquisti ripetuti o di maggior valore). Per questi motivi è importante tracciare acquisti e comportamenti dei clienti provenienti da diverse campagne/media su un periodo di tempo più lungo.

Misurando solo i risultati immediati potremmo pensare che la campagna A sia migliore della B, sbagliando di grosso.

In sostanza, la pubblicità si basa su 2 cose che vanno di pari passo: i numeri e la psiche del cliente.

La stessa pubblicità che non funziona se manca un

sistema di marketing organizzato ed efficiente può essere molto profittevole quando invece quel sistema c'è e funziona bene. La pubblicità può portare all'acquisto ma non può aumentare il valore del cliente.

Dunque, cos'è la pubblicità?

La realtà è che tutto è pubblicità oppure una sua continuazione; il successo richiede coerenza, specialmente se il tuo obiettivo è la relazione, non solo la semplice transazione.

Se vuoi che la tua pubblicità funzioni devi riuscire a integrarla in modo coerente con l'intera relazione con il cliente e la *customer experience*.

CAPITOLO 5

La tua pubblicità non fallirà mai più

Sono Darin Spindler e fin da piccolo mi sono sempre interessato di marketing e business. Le cose più importanti che ho imparato però, le devo a Dan Kennedy, in particolare il triangolo Mercato-Messaggio- Media.

Solo se hai questi 3 elementi sai chi vuoi attirare e come farlo.

Perché costruire una lista clienti è la cosa più importante da fare

Abbiamo iniziato col club del compleanno prima ancora di aprire la nostra pizzeria. Il concetto è semplice: registrati per avere un regalo il giorno del tuo compleanno.

In questo modo, però, abbiamo costruito un intero sistema per generare vendite tutto l'anno. Ormai ci sono infiniti modi per creare *hype* prima ancora che il locale sia operativo, non è meglio iniziare col botto?

Adesso sul sito della mia pizzeria c'è un banner che spiega esattamente come fare per ottenere una pizza gratuita il giorno del proprio compleanno, basta registrarsi fornendo nome, indirizzo, compleanno e numero di telefono.

In cambio noi offriamo una pizza a scelta per la data prevista, ma solo per chi viene a mangiare in sede. Come puoi immaginare, è difficile che uno venga in pizzeria da solo il giorno del suo compleanno. Infatti, questa offerta genera costantemente più di 21 dollari per ogni pizza gratuita.

Dopo che un cliente si registra, gli chiediamo via mail di condividere questa offerta sui social o di inoltrare la mail ad alcuni suoi amici, per aumentare gli iscritti.

Permettiamo anche di registrare fino a 6 membri della famiglia per ogni tessera del club compleanni.

Attualmente, la nostra catena ha registrato i compleanni di 40.000 persone suddivisi in 24.000 tessere, che vuol dire (in media) 1,5 membri per famiglia.

3 modi per costruire una lista

1. Facebook;
2. Posta diretta;
3. Inserti giornali.

Facebook

Facebook è un'ottimo strumento per attirare clienti, specialmente per i settori dell'ospitalità e dell'intrattenimento. Puoi selezionare l'audience in base agli interessi (amanti del buon cibo/vino/birra, ecc.) e alla possibilità di spesa (età, impego, ecc.).

I più furbi sanno anche chi NON vogliono attirare. Nel mio caso sono quelli che vogliono la pizza a 5 euro. Non cerco mai di attirali, anche se a volte ci capitano in sala comunque (e spesso scrivono recensioni negative perché non apprezzano l'alta qualità delle nostre materie prime). Questa gente guarda solo al prezzo.

Un'altra grossa arma che Facebook ci mette a nostra disposizione è la possibilità di raggiungere con la pubblicità le persone che festeggeranno a breve il compleanno, aumentando la possibilità che si iscrivano alla lista per usufruire della pizza gratis.

La campagna per attirare iscritti al club compleanni è un ottimo esempio di campagna evergreen, la puoi impostare e far girare per mesi, addirittura anni, finché funziona. Il nostro record è stato 3 anni, senza modificare nulla.

Posta diretta

Il nostro ristorante si trova in un quartiere dove le entrate medie per famiglia sono sui 50.000$, ma non è il nostro target ideale.

Preferiamo usare il nostro budget per mandare volantini via posta in altri quartieri, dove le entrate per famiglia si aggirano sugli 80.000-110.000$ e la possibilità di mangiare fuori aumenta notevolmente.

Non mandiamo solo volantini, ma anche vere e proprie lettere o grandi cartoline (impossibili da ignorare).

Fare marketing via posta può sembrare datato, ma è un ottimo modo per distinguersi dalla concorrenza e attirare l'attenzione.

I giornali

I giornali cartacei sono in declino, è vero, ma siamo riusciti a sfruttare anche quelli.

Abbiamo iniziato con le classiche inserzioni vicino agli articoli, ma non ha funzionato un granché. Osservando il giornale della domenica ho notato che molte attività locali utilizzavano il "*Free Standing Insert*", dei coupon su foglietti volanti inseriti all'interno del giornale.

Decisi di provare con gli stessi volantini che inviavo via posta, modificando il link e sostituendolo con un link dedicato solo a questa pubblicità specifica. I risultati sono stati molto incoraggianti e abbiamo anche speso meno rispetto ad inviarli via posta.

Oltre i 3 metodi

Oltre questi 3 metodi, abbiamo promosso il nostro club compleanni anche alle fiere, sulle piattaforme di coupon, eventi di raccolta fondi, radio, ecc.

Una volta che hai un sistema che funziona, non c'è limite ai modi che hai per promuoverlo!

Molti imprenditori sono spaventati dalla parola gratis, ma non pensano al costo insostenibile di non avere una lista.

Per 4 anni, ogni venerdì, abbiamo mandato un'email a settimana alla nostra lista per tenerli aggiornati sulle novità del ristorante, insieme ad un'offerta.

Il risultato è che il fatturato settimanale è costituito per il 40% da persone iscritte alla lista, i nostri fan più affezionati.

La lista ci ha salvati

Dan Kennedy ripete sempre questa frase: "Scava il pozzo prima di avere sete".

Fortuna che l'ho ascoltato perché quando è arrivata la pandemia nel 2020 erano già 3 anni che scavavo quel pozzo.

I clienti non potevano più venire a mangiare in sede, per fortuna avevamo già una bella lista di contatti con cui comunicare istantaneamente. Li abbiamo subito avvertiti che ci saremmo occupati personalmente delle consegne, bypassando UberEats & Co. E permettendo a tutto il nostro team di continuare a lavorare.

Oltre a questo, abbiamo creato dei kit da comporre a casa seguendo dei nostri tutorial live su Zoom e altre iniziative per consolidare la fan base.

Molti ristoranti, nello stesso periodo, hanno dovuto licenziare e alcuni non si sono mai più ripresi dal brutto colpo. Tutto perché non avevano una lista con cui comunicare e dipendevano solo dai clienti di passaggio.

CAPITOLO 6

La grande bugia

La grande bugia della pubblicità è pensare che i nuovi media richiedano anche nuove tattiche e strategie. È incredibile come gli esperti dei nuovi media e delle agenzie promuovono dei servizi che non permettono di misurarne i risultati. Parlano di nuove metriche, ma l'unica metrica che davvero conta è il fatturato... solo che a loro non piace per nulla parlare di questo.

Misurare il fatturato ti impone di essere risoluto e senza scrupoli nella misurazione del ROI, il ritorno sull'investimento. Questo è l'unico modo per capire cosa funziona e cosa no, vale sia per i cartelloni pubblicitari che per i video di Youtube.

Chi ti dice il contrario è un pazzo o un bugiardo. Se esiste un media dove non è possibile tracciare i risultati che contano, non usarlo. Punto.

Che clienti vuoi?

Il successo non arriva quasi mai per caso, ma è la somma delle scelte fatte da ognuno di noi. Certo, un po' di fortuna aiuta sempre, ma senza le scelte giuste non basta. Per questi motivi dico che i clienti che hai dipendono dalle scelte che fai, se non ti piacciono è colpa tua. Se non stai avendo ciò che vuoi è perché non hai ben chiari i tuoi obiettivi.

Il primo passo per scegliere i tuoi clienti parte dalla pubblicità, per questo devi sempre chiederti: è pensata e costruita per attirare i clienti che voglio?

Da questa domanda dipende la lunghezza del testo che scriverai, il media che sceglierai, il formato, ecc.

Spesso i testi più lunghi funzionano meglio di quelli corti, a meno che non siano noiosi o poco focalizzati sul target giusto. Anche se fosse vero quello che dicono tutti, cioè che l'attenzione media sta diminuendo, sei sicuro di volere una persona media come cliente? Solitamente è stupida e ha pochi soldi.

CAPITOLO 7

Le basi del messaggio pubblicitario

Questo capitolo, da solo, ti può guidare nello sviluppo della pubblicità.

Ci sono 4 elementi essenziali per far funzionare un messaggio pubblicitario, su qualunque media, vediamo quali sono:

1. Notizia;

2. Promessa di beneficio;

3. Affermazione di superiorità rispetto alla concorrenza;

4. Chiamata all'azione specifica (CTA).

Se alla tua pubblicità mancano alcuni di questi elementi non è una pubblicità oppure si tratta di *brand awareness*, un lusso che molte piccole imprese non possono permettersi.

Se vuoi una pubblicità che funziona, deve avere questi 4 elementi fondamentali.

Attenzione! Pericolo!

<u>Primo avvertimento:</u> vedrai tantissime pubblicità che non rispondono ai canoni appena elencati, non farti confondere. Il fatto che molte persone facciano cose stupide non rende questi atteggiamenti magicamente intelligenti. Non farti fregare.

<u>Secondo avvertimento:</u> molte persone ti daranno contro (esperti, agenzie, collaboratori, familiari). Non ascoltarli o fallirai.

1. Notizia

Il grande pubblicitario David Ogilvy affermava: "se non hai delle novità, perché pubblicizzarlo?"

Qualcosa su di te o sul tuo prodotto dovrebbe essere interessante, degno di nota, esattamente come fanno quei ristoranti che pubblicizzano un piatto stagionale in edizione limitata o una versione migliorata di un grande classico.

Molte grandi imprese hanno iniziato la loro ascesa con notizie del genere; Invisalign, ad esempio, ha fatto notizia pubblicizzando gli apparecchi invisibili quando esistevano solo quelli metallici.

È necessario trovare ciò che ti mette in risalto rispetto alla concorrenza. Più audace il messaggio, più dirompente sarà la notizia.

Gary Halbert, copywriter famosissimo, ha scritto una delle *headline* in stile giornalistico più famose per pubblicizzare il profumo di una diva di Hollywood:

"Tova Borgnine giura che il suo nuovo profumo non contiene afrodisiaci illegali o stimolanti sessuali".

Una pubblicità del genere ha tutte le carte in regola per essere una vera e propria "breaking news"!

L'audacia è sempre la risposta, ricorda che "i venditori timidi hanno figli denutriti".

2. Promessa del beneficio

Il beneficio può essere scappare da circostanze negative, dolori e paure di ogni genere.

Molto spesso, la fuga da qualcosa di negativo è più efficace di un semplice avere qualcosa di meglio.

A prescindere se deciderai di focalizzarti sul positivo o sul negativo (sempre meglio testare entrambe le soluzioni con un A/B test), ricorda che il potere della pubblicità viene dalle emozioni, non dai semplici fatti.

Le persone comprano prima trascinati dalle emozioni e poi giustificano l'acquisto in maniera logica.

I migliori benefici sono quelli che riguardano la sfera personale, non dimenticarlo mai.

3. Affermazione di superiorità rispetto alla concorrenza

Spesso si riassume in una USP (*Unique selling proposition*) o in una UVP (*Unique value proposition*). Per farla semplice, devi rispondere alla domanda:

"Cosa ti da il diritto di essere qui oltre al fatto che vuoi guadagnare?"

Ecco la risposta della pittura Rhino Shield:

"Con la nostra speciale pittura in ceramica non dovrai mai più dipingere casa e tra 10 anni sembrerà ancora come appena dipinta, garantito!"

Questa è ciò che chiamo una differenza legittima e specifica, essenziale per battere la concorrenza. Gli slogan creativi o carini non servono a nulla!

Mi dispiace dirlo, ma devi avere un buon motivo per essere sul mercato, non basta affermare che è la tua passione o che hai sempre sognato di fare questo, non puoi permetterti di essere uno dei tanti.

4. Chiamata all'azione specifica (CTA)

Le persone, di solito, riescono a seguire bene delle indicazioni precise su quello che devono fare. Al contrario, se hanno troppe opzioni o istruzioni vaghe si confondono. E un cliente confuso non compra nulla.

La pubblicità deve spiegare esattamente:

1. cosa vuoi che facciano dopo;
2. cosa succederà quando lo faranno;

3. che beneficio avranno facendolo;

4. perché è importante che lo facciano immediatamente.

Fare tutte queste cose non garantirà il successo della tua pubblicità, ma non farle garantirà il tuo fallimento.

Un altro famoso copywriter e mio amico, John Carlton, immagina il cliente medio come un grosso bradipo sonnambulo che vive sul divano. Lui afferma che la pubblicità deve essere in grado di spingere questo bradipo ad alzarsi e correre al telefono o al computer. Se la tua pubblicità non è così potente va ripensata e riscritta.

Due sono i punti cruciali per renderla potente:

1. Intercetta il dialogo mentale del cliente. La tua pubblicità non deve parlare del tuo prodotto o servizio, ma deve parlare al tuo cliente dei suoi problemi, meglio se con le stesse parole che gli ronzano già per la testa;

2. Non possiamo aspettarci che le persone agiscano nel loro interesse, specialmente in breve tempo, senza essere guidati attentamente all'acquisto. Includi sempre una call to action adatta e chiara.

CAPITOLO 8

Come attirare i clienti giusti con le consulenze

Se per vendere i tuoi servizi complessi necessiti di qualche forma di consulenza, questo capitolo ti sarà molto utile. Se seguirai queste direttive potrai arrivare a triplicare i clienti in maniera quasi automatica, ma prima lascia che ti racconti una storia.

"C'erano 2 villaggi che prendevano l'acqua da un pozzo lì vicino. Ogni mattina tutti dovevano alzarsi, prendere il loro secchio e andare fino al pozzo. Il sistema funzionava, era semplice, ma anche pesante fisicamente. Se qualcuno stava male quel giorno, doveva sperare nella gentilezza degli altri. Se il meteo era avverso, potevano rimanere senz'acqua. Durante l'estate, poi, erano necessari molta più fatica e molti più viaggi al pozzo.

Un giorno il leader di uno dei 2 villaggi ebbe un'idea: costruire un'acquedotto. Il leader dell'altro villaggio fu contrario per i costi elevati, tempo e fatica necessari per costruirlo. Non aveva intenzione di aggiungere la fatica per costruire l'acquedotto alla già faticosa attività di trasportare l'acqua con i secchi. Dunque decise di continuare ad usare il vecchio sistema sgangherato, ma economico e facile.

Dopo che l'acquedotto fu finito, il villaggio che l'aveva costruito iniziò a svilupparsi molto velocemente, l'agricoltura e l'allevamento ne beneficiarono enormemente. Anche le condizioni igienico-sanitarie migliorarono tantissimo.

Nell'altro villaggio tutto rimase uguale, tranne il fatto che molti si trasferirono nel villaggio vicino, riducendo la manodopera. Continuavano a dire che l'acquedotto costava troppi soldi e troppa fatica, che avrebbe rotto la tradizione e che comunque non poteva funzionare perché il loro villaggio era "diverso". In ogni caso, non avevano né i soldi né la manodopera per realizzarlo perché l'altro villaggio aveva rubato i loro operai migliori.

Per farla breve, non sono mai progrediti, l'unica cosa che ha continuato a crescere era il risentimento verso i loro vicini, scaricando su di loro la colpa dei propri fallimenti."

Questa storia ti sembra familiare, vero?

Infatti è la storia di molti piccoli business che, nonostante non se la passino benissimo, decidono di restare piccoli e di non risolvere i loro problemi.

Perché lo fanno?

Perché odiano la complessità; purtroppo, però, non esistono soluzioni semplici a problemi complessi.

La verità è che la maggior parte degli imprenditori sottostima enormemente la difficoltà di acquisire un cliente profittevole, per questo cerca di farlo nel modo più economico possibile, fallendo. A questo punto, invece di andare in profondità e capire perché non ha funzionato si limitano a dire "Facebook non funziona!", "la SEO non funziona!", ecc. e tentano un nuovo modo economico che non funzionerà a sua volta. E così all'infinito.

Le basi della lead generation

Per far alzare la mano ad un *prospect* interessato a lavorare con te, devi dargli un buon motivo per interagire: noi la chiamiamo *lead generation*.

Se la tua unica ragione è: "Perché siamo bravi, probabilmente migliori del tuo attuale fornitore, dacci una possibilità!" non motiverai nessuno a chiamarti, tranne i più disperati. Inoltre, dovranno anche necessariamente avere queste caratteristiche:

1. Devono aver già deciso di comprare ciò che vendi;

2. Devono aver già deciso di comprarlo da te e non dai tuoi competitor;

3. Devono essere pronti a comprare subito.

Tutti questi inghippi fanno sì che pochissime persone ti contatteranno. La realtà è che ci sono pochissimi clienti pronti a comprare subito, ancora meno sono quelli che ti conoscono e in più esiste una marea di opzioni disponibili sul mercato.

Quindi, facendo un'offerta, possiamo iniziare a costruire una lista contatti e con essa un flusso di clienti che un giorno saranno pronti a comprare e che vanno guidati verso una consulenza.

Come creare un'offerta

Ci sono 2 grandi categorie di offerte: informazioni gratuite oppure consulenza gratuita.

Informazioni gratuite

Se non sai da dove cominciare l'ideale è creare una guida che aiuti il tuo cliente ideale a capire come orientarsi nel settore e come valutare i diversi servizi/professionisti in base alle proprie esigenze.

Ti faccio un esempio: se un cliente cerca un consulente IT per la sua azienda, come fa a sapere chi è il più competente, onesto e adatto a lui? Che domande dovrebbe fargli per capire tutte queste cose? Uno strumento utile potrebbe essere una guida intitolata "21 domande che dovresti fare al tuo nuovo consulente IT prima di firmare un contratto, evitando disastri."

Vediamo alcuni modi di offrire informazioni gratuite:

- guide o report gratuiti;

- interviste, podcast;

- libri o e-book;

- quiz interattivi;

- seminari, webinar.

Consulenza gratuita

La consulenza gratuita altro non è che un appuntamento di vendita, ma per non spaventare i clienti lo chiamiamo consulenza. Meglio ancora se si riesce a trovare qualcosa di più specifico legato al settore in cui operate, ad esempio "Check-up di sicurezza informatica".

Ecco alcune consulenze che puoi offrire:

- Prima chiamata di servizio gratuita;

- Diagnosi gratuita;

- Check-up medico;

- Regalo al primo appuntamento;

- Prova gratuita per un tot di tempo.

Perché hai bisogno di entrambe

Per massimizzare il numero di consulenze devi offrire entrambe le opzioni perché se offri solo la consulenza gratuita perderai l'opportunità di attirare quelli che stanno iniziando a pensarci, ma non sono ancora pronti a parlare con nessuno.

Le informazioni gratuite, poi, vanno costruite in modo da portare il cliente verso la consulenza gratuita.

Inoltre, per aumentare il ROI del tuo marketing è fondamentale capire che:

1. Il materiale gratuito deve essere "venduto" bene. Anche se offri qualcosa gratis, non vuol dire che si venda da sé, devi comunque essere persuasivo nel presentarlo, esattamente come se fosse a pagamento. Pensaci sempre quando scrivi i tuoi materiali di marketing.

2. Per aumentare la risposta dovresti avere una deadline o qualche forma di scarsità. In alcuni casi non ha senso usarla, ma dovresti farlo ogni volta che è possibile. Ad esempio, nel caso di un webinar potresti dire che non ci sarà la registrazione, aumentando così la presenza, ecc.

Un'altra strategia è offrire un bonus ai primi 10 che si registrano per un evento o che accettano l'offerta.

Se offri una sorta di Check-up, puoi decidere di non renderlo aperto a tutti sempre sul tuo sito, ma creare delle campagne specifiche su gruppi di *prospect* selezionati, utilizzando la scarsità e delle *landing page* dedicate.

1. Hai bisogno di un'offerta standard che può essere usata tutto l'anno e che vada oltre il bisogno immediato. Ad esempio, se un'officina offre un cambio olio gratuito solo il mese di Agosto, pochissime persone potrebbero averne bisogno. Se invece offrisse un check-up

gratuito prima di partire per le vacanze, otterrebbe molte più persone interessate, anche chi non ha un bisogno immediato (specialmente se lo promuovesse in primavera-estate).

2. Qualsiasi cosa offri deve fornire un valore reale. Se non fornisci valore in anticipo come possono capire che i tuoi servizi sono davvero utili?

3. Promuovere informazioni gratis è l'offerta perfetta quando non hai molto spazio per un copy lungo. Ad esempio nel caso delle ad di Facebook, dove basta un titolo ben scritto a vendere un libro, webinar, ecc. Più difficile è vendere una consulenza perché necessita più spiegazioni su come funziona e cosa succederà dopo.

4. Qualsiasi informazione gratuita deve ottenere 2 cose. Prima di tutto deve essere costruita per creare interesse nella tua attività e prenotare una consulenza. Infine, deve anche posizionarti come l'esperto del settore, eliminando tutte le altre opzioni.

5. Una volta trovate le informazioni gratuite che funzionano bene, trasformale in altri formati. Se hai un webinar che funziona bene, trasformalo in un libro, una guida scaricabile, un video Youtube, podcast ecc. Più formati hai e più persone raggiungerai perché ognuno ha i suoi formati e le sue piattaforme preferite, c'è chi preferisce ascoltare, guardare o leggere.

6. Per convertire quelli che hanno richiesto le informazioni gratuite, hai bisogno di fare follow-up tramite email, telefonate e anche via posta, se possibile, cercando di fissare la famosa consulenza gratuita.

Promuovere una consulenza gratuita

Chiunque offra soluzioni complesse tende già ad offrire una consulenza gratuita.

Medici, consulenti finanziari, avvocati e simili hanno bisogno di "prescrivere una soluzione" perché non vendono prodotti che si possono semplicemente "aggiungere al carrello".

Il punto è che lo fanno male, senza un processo ben stabilito e uguale per tutti. L'intero processo si basa sul *mood* del momento o le sensazioni che si hanno con il *prospect*.

Quindi, prima di tutto bisogna mappare il processo: dal primo punto di contatto del cliente fino a ciò che si dice durante la telefonata. Cerca di rispondere ai dubbi più comuni prima dell'appuntamento di vendita vero e proprio (la cosiddetta consulenza).

Ad esempio se i clienti si lamentano spesso del prezzo spiegane subito le ragioni: perché abbiamo più tecnici per cliente, risposte più veloci, h24, non abbiamo call center all'estero, ecc.

Un buon processo da imitare

1. Un lead si registra per accedere a delle informazioni gratuite e finisce subito nel CRM, innescando una serie di email di follow-up.

2. Gli viene subito chiesto di prenotare una consulenza gratuita nella pagina successiva. Prima di fissare l'appuntamento devono rispondere ad un breve questionario. A prescindere se prenotano la consulenza o meno, riceveranno una mail con un link alle informazioni gratuite che volevano.

3. Chi risponde al questionario potrà prenotare autonomamente una data disponibile direttamente dal calendario.

4. Appena arrivano i dati del questionario e dell'appuntamento viene assegnato un venditore che telefonerà al cliente per assicurasi che non ci siano errori e che non cambi idea. Si attiverà anche una piccola sequenza di email con informazioni utili e il link al calendario per chi non abbia ancora prenotato la consulenza.

5. Tutti i lead vengono verificati dall'amministratore del database che elimina i contatti spam o fuori target e controlla che tutte le info siano corrette, anche facendo delle ricerche su Google o sui social, se necessario.

6. Dopo questo controllo accurato si può inviare un pacco via posta con tutte le informazioni

necessarie a vendere la consulenza e continuare con email e telefonate. Questo processo dura 3 settimane o meno, nel caso in cui se il cliente prenota la consulenza o afferma di aver cambiato idea.

7. Si crea una campagna di *retargeting* su Facebook o LinkedIn promuovendo la consulenza gratuita.

8. Se dopo tutto ciò non prenotano la consulenza, questi contatti vengono inseriti nella newsletter con tutti i nostri aggiornamenti e i post del blog.

9. Ogni mese, stiliamo una lista di coloro che hanno iniziato il processo 6 mesi prima senza prenotare una consulenza e li inseriamo in una serie di email con un'offerta più aggressiva.

Costruire un processo del genere richiede molto lavoro, ma ti posso assicurare che ne vale la pena al 100%. Una volta costruito può andare avanti da solo, senza modifiche, per anni.

CAPITOLO 9

17 parole per vincere o perdere

Probabilmente hai già sentito parlare di *headline*.

In breve, è "la pubblicità della pubblicità". La headline è quella frase/titolo che incuriosisce il lettore e lo spinge a leggere il resto della pubblicità/sales letter.

È un lavoro meno creativo di quello che si pensa perché la cosa più importante non è sembrare simpatici o intelligenti, ma catturare l'attenzione del cliente ideale in maniera magnetica. Se sbagli la headline, la tua pubblicità verrà semplicemente ignorata.

Come scrivere una headline potente
(Anche se fai fatica a scrivere la lista della spesa)

In 59 minuti o meno

Per scrivere una headline potente hai bisogno di

almeno uno dei 4 elementi essenziali spiegati nel capitolo 7.

Per andare sul sicuro, cerca di non superare le 17 parole, anche se io in questo caso le ho superate, rimediando con un font più piccolo nella seconda frase.

Ci sono molti template disponibili sia online che nel mio libro "*The Ultimate Sales Letter*" oppure il libro "*How to Write Good Advertisement*" di Victor Schwab.

Prendine 10 o 20 e inizia a giocarci adattandole al tuo business, poi scegline 2 e fai un A/B test per vedere quale funziona meglio.

CAPITOLO 10

I 3 ostacoli

Per avere successo è necessario superare principalmente 3 ostacoli:

1. Disinteresse;
2. Scetticismo;
3. Resistenza.

Superare il disinteresse

La maggior parte delle persone mostra disinteresse verso qualcosa di nuovo che si aggiunge alla loro vita già abbastanza incasinata, è poco ricettiva. Dunque, se il tuo messaggio può essere ignorato, lo sarà sicuramente!

La migliore cura per il disinteresse è un messaggio con queste caratteristiche:

- specifico;
- ovvio e chiaro;
- urgente.

C'è un vecchio detto sul marketing: se vendi a tutti, in

realtà non vendi a nessuno.

Devi risultare l'opzione perfetta solo per alcune persone, che ti riconosceranno come un'opzione molto rilevante per loro. Più sei preciso e meglio funzionerà la tua pubblicità.

Quindi la domanda "Chi sono i tuoi clienti?" è più importante di "Cosa hai da vendere?".

Superare lo scetticismo

Le persone hanno le seguenti convinzioni:

- Se sembra troppo bello per essere vero, lo è;

- Ci dev'essere una fregatura;

- Non ci sono pasti gratis.

Spesso, inoltre, sono convinti di avere dei problemi impossibili da risolvere e si sono rassegnati all'idea. Non si fidano dei venditori e non si fidano di loro stessi insieme ai venditori.

In breve, lo scetticismo è un grosso ostacolo.

La riprova sociale (*social proof*) è un antidoto molto efficace, per questo vedi spesso testimonial che affermavano di essere scettici ma che poi si sono ricreduti su un determinato prodotto.

Quindi testimonial, statistiche e recensioni sono tutte tattiche che permettono di superare lo scetticismo.

Non puoi, però, pretendere o dare per scontato che

tutti ti crederanno.

Superare la resistenza

Come abbiamo già detto, le persone non si fidano neanche di loro stesse perché magari in passato hanno fatto scelte sbagliate o si sono sentite manipolate.

Quindi, se la tua pubblicità mira a portare i clienti in un incontro faccia a faccia o al telefono, dovresti cercare di smorzare la tensione. Spesso si utilizzano formule come "senza impegno" "prova gratuita", ecc.

CAPITOLO 11

Cos'è la Big Idea?

Tutte le migliori campagne pubblicitarie hanno al centro una Big Idea: qualcosa di nuovo che li differenzia dalla concorrenza e promette un vantaggio.

Una delle frasi più famose di Donald Trump è questa: "Se proprio devi pensare, fallo in grande!".

Tutti i business più di successo hanno una Big Idea:

- Bezos ha pensato ad Amazon come al "negozio che vende tutto" e fa concorrenza al "black Friday" con gli "Amazon Prime Days";

- Quando Domino's ha iniziato a vendere pizze ha conquistato i consumatori con l'allora rivoluzionaria "Consegna in 30 minuti o meno, garantito!"

- I resort "The Sandals" sono stati i primi a portare i pacchetti *all-inclusive* delle crociere sulla terra ferma.

La big idea va oltre il prodotto/servizio, è qualcosa di più generale.

Una bellissima Big Idea è questa: "Come guadagnare un secondo stipendio, senza un secondo lavoro". Come noterai è staccata dal prodotto in sé e potrebbe potenzialmente vendere qualsiasi soluzione che permette di guadagnare senza che sia un vero lavoro.

Oppure guarda quest'altra creata per dei pasti dietetici: "Mangia e perdi peso". Anche qui non si parla delle caratteristiche specifiche di questi pasti, anche se a volte può capitare.

In generale, comunque, la Big Idea parla di ciò che il prodotto non è, di ciò che non è necessario per farlo funzionare oppure di quello che elimina (es. i kg di troppo).

CAPITOLO 12

L'importanza dei test

Il successo della pubblicità non dipende quasi mai da ciò che pensi, ma da quello che sai. Contano i fatti, non le opinioni, che siano tue, dei tuoi dipendenti, di tua suocera, del tuo web designer o della tua agenzia.

Per avere successo, sia in generale che nella pubblicità, devi rispettare i fatti ed essere scettico delle opinioni. E per ottenere i fatti nel settore della pubblicità c'è un unico modo: testare e registrare i risultati.

Sorprese dai test

Il famoso autore Tim Ferris ha scelto il titolo del suo bestseller, "La settimana lavorativa di 4 ore", testando centinaia di titoli con una campagna di Google Ads. Non ha scelto lui, ha scelto il mercato per lui.

Nonostante io sia un esperto copywriter e so quali sono gli elementi che servono per far funzionare una pubblicità, non posso sapere tra diverse opzioni valide quale sia la migliore con una determinata audience in un determinato periodo di tempo. Nessuno può saperlo. A questo servono i test.

Una lettera che vale un milione di dollari

Questo è il risultato di un test accidentale che ci fa capire l'importanza dei test.

Per una settimana la headline "Put music in your life" è stata modificata per errore in "Puts music in your life". La "s" finale trasforma il significato originale "Metti la musica nella tua vita" nel più fortunato "Mette la musica nella tua vita".

Vuoi sapere perché un semplice cambio di soggetto ha generato tutta questa differenza? Semplice, "metti" richiede sforzo da parte di chi legge, "mette" scarica la fatica su qualcun altro.

Il famoso concetto del "fatto per te" e che funziona sempre meglio di qualcosa che richiede fatica in prima persona.

Comunque, ci sono delle scorciatoie, vediamole.

1. I dischi di vendita

È importante prendere nota di ciò che dite già parlando con i vostri clienti, specie i dischi di vendita di comprovato successo o le argomentazioni dei vostri migliori venditori. Io li chiedo sempre ai miei clienti, mi aiutano moltissimo nella stesura dei materiali di marketing.

2. Swipe file e furto legalizzato

Fare copia e incolla di una pubblicità o qualsiasi testo prodotto da altri è illegale e sbagliato.

Però, prendere alcuni pezzi di pubblicità che funzionano ed adattarli alla propria situazione non è solo legale, ma anche intelligente.

Nel tempo dovresti costruirti il tuo *"swipe file"* personale, un'insieme di materiale pubblicitario di successo adatto al settore in cui operi e da cui trarre ispirazione.

3. Conversazioni e interviste

Niente batte vivere a contatto con i tuoi clienti ideali. Se vendi a persone comuni e non frequenti i supermercati Walmart sei un pazzo. Allo stesso modo se vendi ad un target di lusso e non frequenti lo yacht club.

Le persone non sono interessate al tuo prodotto o servizio, ma a loro stesse, in particolare a:

- Famiglia
- Lavoro
- Intrattenimento
- Soldi

Quindi, se vendi un prodotto/servizio che genera poco interesse, devi venderlo parlando di una di queste 4 cose.

4. Uso di copywriter professionisti

Nella maggior parte dei casi non solo non puoi permetterti dei bravi *copywriter*, ma non ne hai neanche bisogno.

In molti casi il livello dei tuoi competitor è così basso che basta fare meglio di loro (e puoi tranquillamente farlo da solo).

Se invece te lo puoi permettere e vuoi scalare la tua azienda, allora un bravo *copywriter* a risposta diretta è sicuramente un ottimo investimento.

Non sottostimare mai l'importanza del *copy* (ovvero il testo), è persino più importante del prodotto o servizio che devi vendere perché è il *copy* che ti permette di venderlo.

Sei più intelligente di ieri?

Non puoi diventare più ricco senza diventare più intelligente.

Testare ed analizzare è ciò che ti permette di imparare sempre qualcosa in più sui tuoi clienti e il mercato in cui operi. Quindi la domanda che dovresti farti ogni sera è: "Cosa sai oggi sul tuo business che ieri non sapevi?".

Se non hai una buona risposta a questa domanda ogni giorno, hai perso l'occasione di diventare più bravo.

CAPITOLO 13

Gli asset evergreen

Nella mia carriera ho sempre cercato di creare degli asset pubblicitari. Creare delle pubblicità evergreen, che durano nel tempo, rende la pubblicità un investimento davvero profittevole.

Purtroppo, invece, esiste una tendenza a creare sempre nuove pubblicità.

Anni fa, ho creato per un mio cliente una televendita (*infomercial*) di 30 minuti che ha funzionato per ben 9 anni di fila. Il mio unico lavoro in quegli anni è stato quello di impedirgli di cambiare pubblicità perché si era stancato di vederla!

La verità è questa: è più facile raggiungere nuove persone (con la stessa pubblicità di successo) rispetto a trovare una nuova pubblicità che funziona.

Nessuna pubblicità risulta vecchia agli occhi di una persona che non l'aveva mai vista prima. Per questo, una volta che hai una pubblicità che funziona, devi solo concentrarti sul portarci nuovo traffico.

Ad esempio, se hai una pubblicità che performa bene su certo media, riadattala per utilizzarla su altri canali (testo, video, audio) per raggiungere nuove persone.

Innova e implementa di più, inventa di meno!

Thomas Edison, contrariamente a ciò che si pensa, era più un promoter che un inventore, tutto ciò che lo ha reso famoso era stato inventato da altri.

Jeff Bezos non ha inventato niente quando ha creato Amazon.

Le invenzioni possono occasionalmente produrre fama e fortuna, ma è molto più facile migliorare qualcosa che è stato già inventato e implementarlo al meglio con dei sistemi di marketing adeguati.

Purtroppo, molti imprenditori sono attirati dal genio e dalle nuove invenzioni, mentre si annoiano a morte ad implementare e migliorare ciò che già esiste.

Come sempre, la maggioranza si sbaglia sul "fare soldi".

Ricorda sempre che, spesso, i nostri peggiori nemici siamo noi stessi.

Può una sola pubblicità renderti ricco?

Sì, assolutamente. Ho creato più di un centinaio di pubblicità, *sales letter*, televendite, ecc. Tutte hanno prodotto almeno un milione di dollari, alcune 10 o addirittura 20.

Tutto inizia con le giuste intenzioni e il giusto scopo, bisogna comprendere la differenza tra ricchezza e semplici entrate.

Per questo bisogna comprendere i 3 modi per fare soldi:

1. Lavoro;

2. Persone (lavoro moltiplicato);

3. Soldi che lavorano per te (investimenti).

I primi 2 generano delle semplici entrate, solo il terzo costruisce ricchezza.

Per questo è importante che ti alleni a pensare come un investitore, non come un semplice lavoratore.

Quando sarai in grado di farlo inizierai naturalmente a creare pubblicità evergreen invece di produrre sempre nuovo materiale. E sarai parte di un'élite di illuminati.

Le entrate ti arrivano da ciò che fai, mentre la ricchezza viene da ciò che possiedi.

Investiresti mai in un edificio che dev'essere distrutto e ricostruito ogni 5 anni? Sicuramente produrrà qualche entrata nel frattempo, ma non creerà mai ricchezza. Se non puoi costruire qualcosa di durevole, che senso ha investirci dei soldi?

Allo stesso modo immagino che non investiresti mai in un edificio dove succedono catastrofi naturali continue: Google, Facebook, Youtube (ecc.) sono delle piattaforme inaffidabili per qualsiasi attività. Non dico di non usarle, ma non fare mai l'errore di renderle le fondamenta di tutta la tua azienda.

CAPITOLO 14

I consigli del fondatore di Clickfunnels

Sono Russell Brunson, co-fondatore nel 2014 di Clickfunnels.com, un'azienda che facilita la creazione di *funnel* per gli imprenditori.

Nei suoi primi 3 anni di vita Clickfunnels è arrivata a fatturare ben 100 milioni di dollari e attualmente abbiamo superato i 100.000 utenti attivi.

Sono qui per spiegarti cosa ho imparato in tutti questi anni: il 95% del mio fatturato viene da 3 basici *funnel*. Niente strategie complesse o all'ultima moda.

Lo so che le strategie di base non eccitano nessuno, ma sono quelle che determineranno il tuo successo o il tuo fallimento.

Più ti focalizzi sulle basi, ignorando la "novità del giorno", più soldi farai.

Osservo tonnellate di *funnel* ogni giorno, vedo persone che hanno migliaia di variazioni basate su ogni scenario che possano pensare (*up-sell, down-sell, cross-sell*, ecc.) eppure molti di loro non se la passano tanto bene.

Torniamo ai 3 funnel di base che costituiscono il 95%

delle mie entrate, vediamo quali sono:

1. Il "Tripwire funnel" quello dove si inizia il processo di conversione;

2. Il "Webinar funnel" dove iniziamo a riscaldare l'audience e a coltivare la community;

3. Il "Funnel di alta fascia".

Come si integrano i 3 funnel

In un mondo perfetto venderei solo i miei prodotti di alta fascia, nel caso della mia azienda (pacchetti da 100.000$).

Il problema è che non puoi presentarti ad uno sconosciuto e dire: "Ciao, il mio nome è Russell Brunson e sono bravo col marketing, se mi dai 100.000$ cambierò il tuo business per sempre!".

Bisogna fornire un po' di valore in anticipo (gratis o a basso costo), altrimenti come fa un potenziale cliente a sapere se puoi aiutarlo oppure no?

Per esempio, recentemente ho venduto una copia del mio libro ad un tizio che, avendone riconosciuto il valore, mi ha subito chiesto aiuto per implementare ciò aveva letto. Quella singola copia del libro mi ha fruttato ben 100.000$.

Non sempre va così bene, certo, ma molti di quelli che traggono valore dal libro in un modo o nell'altro continuano a gravitare intorno al mio mondo e a comprare qualcosa da me nel tempo.

La chiave, qualsiasi cosa tu venda, è offrire un

prodotto e un'esperienza che darà alle persone così tanto valore che continueranno a tornare da te.

1. Il "Tripwire funnel"

Tipicamente è qualcosa tipo "prodotto gratis + spedizioni a pagamento", focalizzato sul traffico freddo ovvero chi non ti conosce ancora.

Per trovare il prodotto giusto devi pensare a chi sono i tuoi clienti ideali e cosa vogliono. Cosa li porterebbe a fermarsi e farti sapere che sono interessati?

Ricorda che la prima vendita che facciamo non è per guadagnare, ma per acquisire un cliente che comprerà più volte nel tempo.

Una volta che il cliente entra nel funnel devi iniziare a "indottrinarlo" perché, dal momento in cui accetta la tua offerta, ci possono essere mille distrazioni che possono impedirgli di compiere il passo successivo.

Per ovviare a questo inconveniente io inizio a mandargli una serie di video via email per educarli e accompagnarli verso il passo successivo, il webinar.

Questo non si applica solo ai classici webinar, ma a qualsiasi attività. Immagina di avere un classico negozio di abbigliamento e che tutto il tuo traffico a pagamento viene mandato sul sito, dove c'è un codice sconto da usare in negozio (e li fai registrare).

Ogni volta che sta per arrivare la nuova collezione organizzi una live su Facebook o su Zoom direttamente dal tuo negozio che utilizzerai per mostrare i nuovi capi ai clienti. Basterà mandare gli inviti via mail a chi è già entrato in contatto con te (attraverso il codice sconto).

La settimana prima dell'evento mandi una email con un link ad un video che mette in risalto un articolo particolare (e che mostrerai più nei dettagli durante la live).

2. Il "Webinar funnel"

Molti diranno che non fa per loro perché hanno un ristorante o un'attività tradizionale che non si concilia con il webinar. Io l'ho già dimostrato con il negozio di abbigliamento e Darin Spindler (nel capitolo 5) lo ha dimostrato proprio con un ristorante, tramite lezioni o kit da assemblare.

I webinar non sono utili solo ai business online, basta avere un po' di creatività e ragionarci su.

I webinar classici di solito vendono qualcosa che va dai 300 ai 3000$.

Normalmente, i clienti del "tripwire" vanno subito educati e spinti verso il webinar ma, se viene fatto un buon lavoro, il webinar può funzionare anche con un traffico freddo.

Coloro che hanno seguito il webinar, invece, vengono educati e spinti verso il "Funnel di alta fascia".

3. "Funnel di alta fascia"

Questi sono i *funnel* dove normalmente chiedo dai 3000 ai 100.000$.

Siccome è molto difficile vendere qualcosa di così costoso online, questo tipo di *funnel* sposta le persone dall'online all'offline (vendita via telefono o di persona).

Facciamo l'esempio di un dentista: il *tripwire* può essere un trattamento sbiancante gratuito che porta ad un *webinar* che poi porta a servizi di alta fascia come un impianto, un Invisalign, ecc.

Oppure un chirurgo estetico: il *tripwire* è una seduta di botox gratuita, poi c'è un *webinar* che porta ad un servizio di alta fascia come un intervento vero e proprio.

Tutti i *funnel* dovrebbero portare infine al *funnel* di alta fascia perché questi sono i servizi che più di tutti hanno un impatto sui risultati del tuo cliente. Inoltre, sono anche i servizi che ti permettono di guadagnare di più, quelli con maggiore ricarico, specialmente se il costo di acquisizione è già stato coperto dai *funnel* più in basso.

Una tattica che uso sempre per facilitare la scalata è questa, nella Thank you page del funnel precedente scrivo: "Ti serve aiuto per implementare ciò che hai acquistato?" tentando l'up-sell.

Normalmente i più attivi accetteranno subito, solitamente l'1-2%.

Poi, nel corso dei 60 giorni successivi cerco di portare quella percentuale al 10% attraverso strategie di follow-up.

In buona sostanza, ti bastano questi 3 funnel per far sì che la tua pubblicità non fallisca mai più.

CAPITOLO 15

Budget pubblicitario? Una fesseria

Una cosa che si insegna agli imprenditori e ai manager è quella di impostare i budget. È un'altra di quelle cose che si fanno perché tutti le fanno, ma è una stupidaggine.

Se una pubblicità funziona e ti porta clienti di buona qualità a basso prezzo perché dovresti interrompere una volta raggiunto il budget? Non ha senso.

Quello che ha senso tracciare è il ROI, ritorno sull'investimento. Se per ogni dollaro speso te ne tornano sempre almeno 2 non hai motivo di fermarti, continua finché puoi.

Il *direct marketing* è l'unico che ti permette di sapere ogni giorno qual è il tuo ROI. Con la *brand awareness* è molto più difficile, forse puoi provare a calcolarlo grossomodo anno per anno.

L'unico modo per gestire al meglio i rischi è avere sempre a disposizione dati certi e tempestivi.

La pubblicità è arte o scienza?

Penso che ormai dovresti sapere la risposta a questa domanda.

Molti pensano sia un processo creativo, quando in realtà è più un processo metodico. Ci sono formule da rispettare ed elementi fondamentali da includere.

Non hai bisogno di un "genio" per applicare la metodologia, ma basta un po' di intelligenza e disciplina. Non è magia, ma è qualcosa che puoi capire e utilizzare a tua vantaggio.

In questo libro ho cercato di presentare l'intero processo integrato fatto di pubblicità, marketing, vendite e sviluppo clienti; è uno sforzo comune e organizzato, non una serie di sezioni aziendali che non parlano tra loro.

Spero anche di aver chiarito la differenza tra il *direct response* e tutto il resto della pubblicità, ovvero quella fatta come "arte a spesa del cliente".

Non dimenticare mai che si tratta dei tuoi soldi, sei tu il responsabile di come vengono spesi.

Il segreto della pubblicità di successo

Come abbiamo visto, spesso la pubblicità fallisce perché non è integrata in un sistema completo.

Quando un cliente mi chiede semplicemente una pubblicità migliore, rifiuto. Non si può risolvere un problema con una pubblicità se prima non si analizza l'intero modello di business e sistema di acquisizione/gestione clienti.

Si tratta innanzitutto di efficienza finanziaria e lotta agli sprechi perché il segreto è questo: chi può spendere di più per acquisire un cliente, vince!

Se facessi una buona pubblicità per un'azienda che non ha un modello di business sostenibile o un sistema ben studiato, ne accelererei solo il fallimento.

Adesso che hai tutte queste informazioni la domanda è: cosa farai per migliorare?

Note

Questa sintesi di *"Why advertising fails and how to make your succed"* è stata attentamente curata per diffondere i principi del Kennedy pensiero in italiano.

Dan Kennedy è uno dei più influenti e importanti protagonisti del marketing a risposta diretta e, purtroppo, i suoi libri sono disponibili solo in lingua inglese.

Sebbene questa sia una versione estremamente sintetica, siamo convinti che possa funzionare da trampolino di lancio per coloro che non conoscono bene l'inglese, ma che desiderano approfondire e applicare il suo pensiero.

Lo scopo di questa sintesi è puramente divulgativo, non vogliamo in nessun modo sostituirla al libro originale di Dan Kennedy (acquistabile su Amazon dal QR code).

Il team di Concentrato Edizioni